YVES-ALEXANDRE THALMANN

Caderno de exercícios de

gratidão

Ilustrações de Jean Augagneur

Tradução de Stephania Matousek

EDITORA VOZES

Petrópolis

CB053819

© Éditions Jouvence S.A., 2012
Chemin du Guillon 20
Case 143 CH-1233 — Bernex
http://www.editions-jouvence.com
info@editions-jouvence.com

Tradução do original em francês intitulado
Petit cahier d'exercices de gratitude

Direitos de publicação em língua portuguesa —
Brasil: 2010, Editora Vozes Ltda. Rua Frei Luí
100 25689-900 Petrópolis, RJ
www.vozes.com.br Brasil

PRODUÇÃO EDITORIAL

Aline L.R. de Barros
Marcelo Telles
Mirela de Oliveira
Otaviano M. Cunha
Rafael de Oliveira
Samuel Rezende
Vanessa Luz
Verônica M. Guedes

Conselho de projetos editoriais
Isabelle Theodora Martins
Luísa Ramos M. Lorenzi
Natália França
Priscilla A.F. Alves

ISBN 978-85-326-5093-1 (Brasil)

ISBN 978-2-88353-730-9 (Suíça)

Editoração: Flávia Peixoto
Projeto gráfico: Éditions Jouvence
Arte-finalização: Sheilandre Desenv. Gráfico
Capa/ilustrações: Jean Augagneur
Arte-finalização: Editora Vozes

Este livro foi composto e impresso pel
Editora Vozes Ltda.

Dados Internacionais de Catalogação na Publicação (CIP)
(Câmara Brasileira do Livro, SP, Brasil)

Van Stappen, Anne
    Caderno de exercícios de gratidão : obrigado / Anne Van Stappen ;
ilustrações de Jean Augagneur ; tradução de Stephania Matousek.
Petrópolis, RJ : Vozes, 2015. — (Coleção Cadernos: Praticando o
Bem-estar)

    Título original: Petit cahier d'exercices de gratitude.
    Bibliografia.

    9ª reimpressão, 2024.

    ISBN 978-85-326-5093-1

    1. Autorrealização 2. Desenvolvimento pessoal
3. Gratidão (Psicologia) I. Augagneur, Jean.
II. Título. III. Série.

15-06136   CDD–158.1

Índices para catálogo sistemático:
1. Gratidão : Desenvolvimento pessoal :
Psicologia   158.1

A gratidão é, junto com a generosidade, um dos mais poderosos intensificadores da felicidade. Esta é a conclusão da psicologia positiva, também conhecida como ciência da felicidade.

Por que dizer "obrigado" tem tanto impacto? Por que tal atitude faz tão bem?

Você descobrirá a resposta com este caderno de exercícios, que sugere uma multiplicidade de atividades concretas para desenvolver o seu espírito de gratidão.

Vamos começar agora mesmo: obrigado a vocês, caras leitoras, caros leitores, por terem escolhido este caderno de exercícios. E obrigado por contribuírem para espalhar um pouco de felicidade ao redor de vocês através da gratidão!

> Expressar gratidão é a estratégia por excelência para alcançar a felicidade.
>
> Sonja Lyubomirsky

A palavra **obrigado** faz parte do vocabulário básico da maioria das culturas. Ela exprime de forma sintética: "Gostei do que você fez por mim".

Todos os pais insistem para que seus filhos, a partir do momento em que aprendem a falar, digam obrigado.

Também é uma das primeiras palavras que aprendemos dizer em outra língua, quando visitamos um país estrangeiro.

Complete o quadro a seguir:

OBRIGADO ⇨	Em inglês	Thank you
	Em espanhol	....
	Em alemão	....
	Em italiano	....
	Em japonês	....
	Em	....
	Em	....
	Em	....
	Em	....

Você conhece outras expressões para manifestar sua gratidão?

Muito grato

....

....

....

....

....

....

....

Você já disse "obrigado" o bastante hoje?

Pegue um caderninho e anote o número de vezes que você diz a palavra "obrigado" durante o dia.

Seu resultado hoje (data: ....): ....

Seu resultado hoje (data: ....): ....

Seu resultado hoje (data: ....): ....

Seu resultado hoje (data: ....): ....

Seu resultado hoje (data: ....): ....

Seu resultado hoje (data: ....): ....

Seu melhor resultado: ....

6

Treine regularmente para bater o seu recorde.

Para ajudá-lo:

Em que situações você poderia dizer **"obrigado"** embora não considere útil dizê-lo ou em que circunstâncias você se esquece de agradecer?

Por exemplo: quando meu filho arruma as roupas dele direitinho.

Por exemplo: quando meu marido me elogia.

Por exemplo: quando um motorista me dá a prioridade.

Agora é com você:

. . . .

. . . .

. . . .

. . . .

. . . .

. . . .

. . . .

. . . .

. . . .

. . . .

. . . .

. . . .

Regra geral:

Nunca deixe passar uma oportunidade de dizer obrigado...

8

(Você pode escrever este lema em bilhetes e colocá-los be
à vista na sua casa para se impregnar dele.)

Expressar gratidão faz bem para quem a recebe!

Dizer obrigado faz bem para quem escuta o agradecimento. É o alimento por excelência que permite saciar a **necessidade de reconhecimento** e autoestima dentro de cada um de nós.

Nem todos os alimentos matam a fome da mesma maneira. Alguns são meio indigestos e provocam náusea. Já outros dão prazer às papilas gustativas e proporcionam saúde e energia ao corpo.

O mesmo vale para a necessidade de reconhecimento. Certas palavras a alimentam mais do que outras.

Humm

Obrigado

9

Poder de saciar

MÁX

Marca de reconhecimento positivo incondicional (sem nenhuma condição)	*Obrigado por existir! Eu te amo*
Marca de reconhecimento positivo condicional (com uma condição)	*Gosto quando você é atencioso comigo Parabéns pelo seu sucess*
Marca de reconhecimento negativo condicional	*Detesto quando você ment Você não sabe cozinhar*
Marca de reconhecimento negativo incondicional	*Você é um idiota! Tenho desprezo por você!*

MÍN

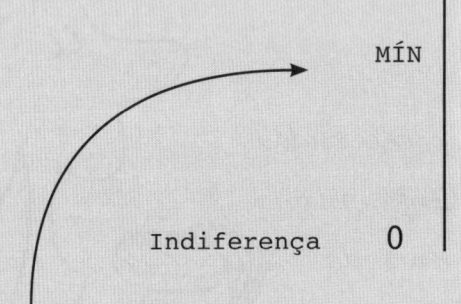

Indiferença   0

Todos nós preferimos carinhos a agressões! Porém, muitas vezes preferimos agressões a indiferença... Nada pior do que não existir mais aos olhos dos outros e ser ignorado!

Manifestações de gratidão são uns dos melhores alimentos para a necessidade de reconhecimento.

Além disso, elas não custam NADA para quem as dá...

Imagine suas próprias frases pessoais para demonstrar marcas de reconhecimento positivo incondicional:

Em geral: ....
....
....
....
....

Perante seus pais: ....
....
....
....
....

Perante seu namorado: ....
....
....
....
....

Perante seus filhos: ....

....

....

....

....

Perante seus amigos: ....

....

....

....

....

Perante seus colegas[1]: ....

....

....

....

....

Perante seus vizinhos: ....

....

....

....

....

1. Pesquisadores descobriram que a satisfação no trabalho se dá quando são trocad
três vezes mais palavras gratificantes do que negativas (críticas).

Opa! Peraí! Seria uma pena deixar estas belas frases dormindo neste caderno.

Pegue seu celular e mande um SMS inspirado em uma de suas frases para quem você quiser (pode ser também um e-mail). **Agora.**

A gente logo toma gosto por coisas boas. Que tal enviar uma mensagem como esta uma vez por semana de agora em diante?

Mto brigado pr conviT + gentileza. Jantar mto gostoso, adoramos! :) Agradeço pr ter se dado tanto trab. p/ festa

13

O que você diz quando recebe um elogio?

Por modéstia, falso pudor ou pretensa educação, às veze ficamos sem graça quando recebemos um elogio.

Costumamos minimizá-lo: "Ah! Que isso..."

Recusá-lo: "Não, eu não sou tão bom quanto você diz."

Desvirtuá-lo: "Você só está dizendo isso para me agradar."

Deturpá-lo: "Você está dizendo que eu estou bonita hoj Então isso quer dizer que nos outros dias você não m acha bonita..."

De que formas você costuma reagir aos elogios que recebe?

....

....

....

....

....

....

No entanto, o mais simples é aceitá-los como um presente e, portanto, **agradecer** pelos elogios recebidos.

"Obrigado, foi um prazer escutar isso."

"Obrigada, seu elogio me fez bem."

"Eu te agradeço."

De hoje em diante, responda com agradecimentos aos elogios que você receber e observe o efeito que isso produzirá em você e em quem o estiver elogiando.

A carta de gratidão

Escrever uma carta de gratidão propicia muitos efeito
positivos, tanto para o remetente quanto para o destinatário
Quem a redige se dá conta de todos os benefícios de que
desfruta.

Quem a lê recebe sinais de reconhecimento que alimentar
sua autoestima.

Para quem você poderia escrever uma carta de gratidão?

Nome	Razões

Carta para o meu pai

Papai, gostaria de lhe agradecer por tudo o que você fez por mim.

Guardo lembrança de momentos especiais, de quando íamos à piscina juntos e você me ensinava a nadar. E também daqueles passeios de bicicleta ao entardecer. E como esquecer que você sempre tirava um tempinho para ler histórias em quadrinhos para mim na hora de dormir.

Tenho muitas lembranças que poderiam ser evocadas. São tantas que é impossível mencionar todas.

Porém, mais do que todos aqueles momentos singulares, foi principalmente uma visão do mundo que você me transmitiu. Presenciei você sendo generoso, com seu tempo e seu dinheiro. Nunca tive a impressão de passar nenhuma necessidade.

E aprendi que podíamos ter prazer de vez em quando. Que o trabalho não era tudo na vida!

É claro que nem tudo foi um mar de rosas. Porém, graças a alguns desentendimentos, também aprendi a me tornar eu mesmo.

Por tudo isto e muitas outras coisas ainda, gostaria de lhe dizer: obrigado, papai.

17

Agora está na sua vez de redigir o rascunho de **3** cartas de gratidão.

As influências marcantes

Somos quem somos graças às pessoas que conviveram conosco e que nos acompanharam, influenciaram e marcaram. Sem a ajuda delas não estaríamos vivos (um bebê sozinho não sobrevive), não teríamos nenhuma cultura (uma criança sozinha não aprende a falar) etc.

Reserve um momento para identificar as pessoas marcantes graças às quais você é quem você é hoje. Pense em todos os encontros que foram determinantes, que marcaram positivamente sua trajetória de vida: professores, amigos, parceiros amorosos etc.

Sinto gratidão perante:

– ....

– ....

– ....

– ....

– ....

– ....

– ....

– ....

– ....

– ....

– ....

– ....

Às vezes, foram ideias que nos marcaram e tiveram o poder de modificar nossa vida. Alguns de seus autores ainda estão vivos e, por sorte, na época da internet, facilmente acessíveis. Que tal lhes escrever uma carta para lhes agradecer pela influência que exerceram em você?[2]

2. Nota do autor: Enquanto escritor, posso garantir que esse tipo de mensagem faz um bem enorme. Não há nenhuma necessidade de saber manejar a caneta ou ser um ás da escrita para dizer obrigado a alguém!

Seu diário de contentamento

Os outros não são os únicos que merecem seu reconhecimento. Você também pode expressar gratidão para consigo mesmo!

> Se queres ser bem servido, serve-te a ti mesmo!

Arranje e mantenha em dia um diário de contentamento Liste nele as ações que você tiver realizado – mesmo as modestas – e que possam lhe dar orgulho. Por exemplo:

- arrumei minha casa
- organizei meus documentos administrativos
- permaneci calma durante uma briga com meu companheiro
- resisti a uma tentação ao passar por uma vitrine
- tive a ousadia de fazer um pedido ao meu chefe
- voltei a praticar uma atividade esportiva regular

Esta é a primeira página do seu diário de contentamento. O que você vai anotar nela?

Obs.: Este exercício é um excelente antídoto contra a autocrítica, em especial para os perfeccionistas (que sempre ficam insatisfeitos, pouco importa o que realizem). Ele amplia a indulgência para consigo mesmo.

Sentir a gratidão

Dizer obrigado é uma questão de comunicação.

Sentir gratidão envolve a dimensão afetiva e até espiritual

Sentir gratidão perante alguém ou algo é:

- um movimento para fora de nós mesmos, que nos leva em direção aos outros e ao mundo
- uma onda que nos submerge e nos acalma ao mesmo tempo

- um calor que irradia do nosso coração
- um impulso da alma, que se conecta a algo superior
- uma benéfica impressão de que as coisas são exatamente como elas deveriam ser
- um desapego suave e natural

E você? Como descreveria o que experimenta quando sente gratidão?

. . . .

. . . .

. . . .

. . . .

. . . .

. . . .

. . . .

Em que situações você já experimentou um ímpeto de gratidão?

. . . .

. . . .

. . . .

. . . .

. . . .

. . . .

. . . .

É tão gostoso sentir gratidão! Não é de se espantar que este estado de espírito esteja associado de maneira tão forte à felicidade (o que comprovam vários estudos realizados em psicologia positiva).

Pois bem, você pode sentir gratidão à vontade!

Quer saber o segredo para consegui-lo? Então vire logo a página...

> "A gratidão é uma impressão de êxtase que suscita a vontade de dar graças e saborear a vida."
>
> Robert Emmons

Preencha as duas colunas a seguir. Na primeira, anote tudo o que você tem atualmente, tudo aquilo de que você pode desfrutar (saúde, um emprego, um teto etc.); na segunda, escreva tudo o que você não tem ou não tem mais, mas gostaria de ter (um carro de luxo, metade do ano de férias etc.).

O que eu tenho	O que eu não tenho/ não tenho mais
....	....
....	....
....	....
....	....
....	....
....	....
....	....
....	....
....	....
....	....
....	....

Concentre-se agora na primeira coluna. Releia-a lentamente. Como você se sente? Que emoções o invadem?

....
....
....
....
....
....
....
....
....
....
....
....
....
....
....

Concentre-se em seguida na segunda coluna. Releia-a lentamente. Como você se sente? Que emoções o invadem?

....
....
....

....
....
....
....
....
....
....
....
....

Sua constatação:

....
....
....
....
....
....
....
....
....
....
....
....
....
....
....
....
....

Conclusão:

Quando focalizamos nossa atenção no que efetivamente possuímos e em todos os privilégios de que desfrutamos, experimentamos bem-estar e gratidão.

Quando focalizamos nossa atenção no que não possuímos, no que perdemos ou no que os outros possuem enquanto nós não, experimentamos mal-estar e tristeza.

Ora, nossa atenção está sob nosso controle: somos nós que decidimos em que queremos prestar atenção.

Portanto, somos nós que temos o poder de decidir sentir gratidão - e isso a qualquer momento.

Que sorte você tem!

Sejam elas feitas como forem, nossas vidas estão repletas de privilégios. Tendemos demais a esquecermos este detalhe!

Mencione todos os privilégios de que você se beneficia:

Tenho a sorte de ....

Tenho a sorte de ....

Tenho a sorte de ....

Tenho a sorte de ....

Tenho a sorte de ....

Tenho a sorte de ....

Tenho a sorte de ....

Tenho a sorte de ....

Tenho a sorte de ....

Tenho a sorte de ....

Isso mesmo, ainda tem mais! Reflita novamente sobre todos os privilégios de que você se beneficia. São tantos...

Tenho a sorte de ....

Tenho a sorte de ....

Tenho a sorte de ....

Tenho a sorte de ....

Tenho a sorte de ....

Tenho a sorte de ....

Tenho a sorte de ....

Tenho a sorte de ....

Tenho a sorte de ....

Tenho a sorte de ....

Tenho a sorte de ....

Tenho a sorte de ....

Tenho a sorte de ....

Tenho a sorte de ....

Tenho a sorte de ....

Tenho a sorte de ....

Já é um privilégio estar vivo!

Se você não tiver conseguido preencher todas as linhas, o texto a seguir lhe dará algumas dicas.

Algumas razões, dentre outras, para sentir gratidão:

o amor de um cônjuge ou parceiro amoroso,
a gentileza, por parte do nosso companheiro, de executar tarefas domésticas e administrativas para o nosso bem-estar,
o tempo que ele dedica a nos escutar, consolar, aconselhar etc.,
a segurança afetiva que sentimos em sua companhia,

todos os cuidados e o amor recebidos dos nossos pais,
os gestos e ações um pouco chatos que eles aceitaram efetuar para nos ajudar a crescer (trocar fraldas, explicar os deveres de casa etc.),
as inúmeras horas que eles passaram nos educando,
a preocupação que eles tiveram quanto a algumas de nossas escolhas,
a tolerância diante da ingratidão que demonstramos para com eles,

os pensadores, pelos novos horizontes que eles nos revelaram,
os pesquisadores de todo tipo, pelas descobertas que vêm melhorando nossa vida cotidiana há séculos,
os artesãos e operários, por tudo o que eles produzem para o nosso conforto,
todos os trabalhadores, pelo bom funcionamento cotidiano da sociedade (qualquer greve permite que nos demos conta disso),
os artistas, pela beleza que criam. Toda vez que vamos ao cinema e a algum espetáculo ou escutamos música, devemos ficar agradecidos: lembre-se de que foram precisos criadores, inventores, atores, músicos, técnicos e operários para nos oferecer tais distrações. Também não podemos esquecer os esportistas, os jogadores dos times para os quais torcemos e principalmente os jogadores dos times adversários (sem os quais os jogos não poderiam acontecer!),
as pessoas diferentes de nós, que gostam de fazer o que nos aborrece.

Pense também em todas as inovações que tornam a vida no século XXI mais agradável do que nunca:
a internet banda larga, que oferece possibilidades de aprendizagem extraordinárias,
o telefone celular,
o sistema de localização por satélite (GPS),
a utilização da energia solar,
as lentes de contato, as lentes progressivas, a cirurgia a *laser* para os olhos,
uma medicina eficiente, que permitiu reduzir o risco de epidemias que antigamente eram devastadoras,
os meios de diagnosticar e curar muitos cânceres,
os cuidados paliativos,
os planos de saúde,
etc.

Herdamos uma sociedade sofisticada (domínio do meio ambiente, redes de transporte e habitação, sistemas sociais etc.), que necessitou de milênios de gestação. Imagine como devia ser a vida dos nossos ancestrais pré-históricos! Nunca se esqueça disso!

> "A gratidão é um termo que engloba várias realidades aos olhos do mundo: maravilhar-se, apreciar a vida, enxergar o lado bom das coisas, tomar consciência da abundância, agradecer a alguém, dar graças a Deus, ficar feliz com o que temos. É saborear as coisas, considerar que nada está ganho, dar um jeito de se virar com o que estiver à disposição, aproveitar o instante presente."
>
> Sonja Lyubomirsky

Nada lhe é devido!

Em uma sociedade mercantil como a nossa, consideramos muitas coisas sob o ângulo comercial e lucrativo: compramos, vendemos, trocamos.

Consequência: a partir do momento em que pagamos por alguma coisa, ela nos é devida! E não precisamos agradecer pelo que nos é devido!

Na verdade, esse é um erro **colossal**! O dinheiro não passa de um suporte simbólico, que não tem nenhum valor em si. É apenas um meio de simplificar as trocas. Porém, no fundo, não é o dinheiro que possibilita as trocas, mas sim a boa vontade e o acordo das pessoas que estão fazendo negócio...

Não é porque pagamos que somos dispensados de sentir gratidão. Por trás de cada troca, você ganha um trabalho de brinde...

Imagine um mundo em que o dinheiro não tivesse ma[...]
valor. Como seriam feitas as trocas? Que lugar a gratid[...]
ocuparia?

Anote aqui suas reflexões:

....
....
....
....
....
....
....
....
....
....
....
....
....
....
....
....
....

O dinheiro muitas vezes é um **estraga-prazer da grati-dão**. Não se deixe contaminar por essa ideologia falaciosa, segundo a qual as coisas lhe seriam devidas. Não esqueça a sorte que você tem de se beneficiar do trabalho alheio. E, portanto, lembre-se de agradecer, mesmo quando você paga por algo. Principalmente quando você paga!

O dinheiro arruína o espírito de gratidão.

E lembre-se de que é impossível comprar o que realmente importa na vida: amor, amizade, saúde, felicidade etc.

Escreva as coisas que são importantes para você e que você nunca poderá comprar:

— ....
— ....
— ....
— ....
— ....
— ....
— ....
— ....
— ....
— ....
— ....
— ....
— ....
— ....
— ....
— ....
— ....

Que tal se dar ao luxo de ser grato?

O grande inimigo da gratidão!

O espírito de gratidão resulta de uma conscientização a respeito de todos os privilégios de que gozamos, sendo que nada nos é devido, nem está definitivamente ganho. Se fosse permanente, tal conscientização seria capaz de transformar nossa vida em um eterno maravilhar-se.

Pois bem, é forçoso constatar que, apesar de todos os nossos privilégios, não conseguimos guardar em mente a sorte que temos de podermos aproveitá-los.

Por quê?

É que a **adaptação hedonista** tem culpa no cartório. Trata-se simplesmente de um mecanismo de adaptação que faz com que, quando acontece alguma coisa conosco, nós nos **adaptemos** a ponto de não prestarmos mais atenção nela. Nós

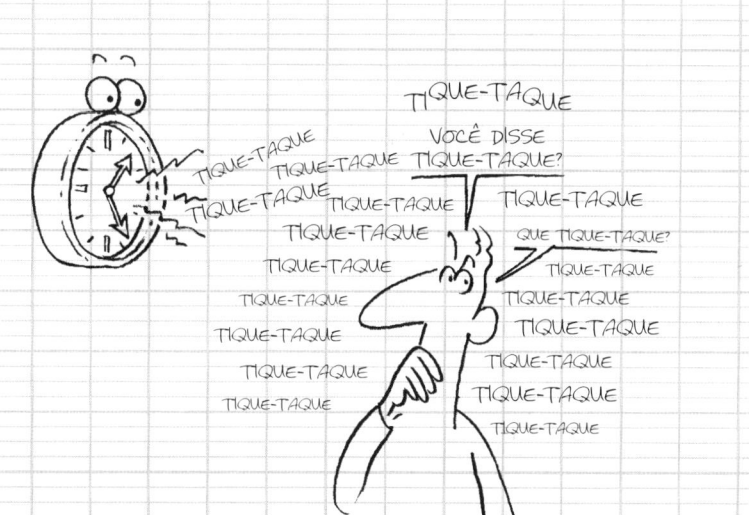

37

UM BANHO QUENTE TODA MANHÃ

QUE COISA MAIS BANAL!

nos **acostumamos**, assim como no
acostumamos tanto com o tique
-taque de um relógio que aca
bamos esquecendo-o.

Por exemplo, estamos tão acostu
mados a dispor de água quente
vontade que nem apreciamos mai
o privilégio de poder tomar un
bom banho temperado de manhã a
nos levantarmos da cama...

Monte guarda contra a adaptaçã
hedonista e o costume, que fazer
você esquecer a que ponto a noss
vida está repleta de privilégios!

HABITOS

Para ajudá-lo:

Aceite e reconheça o justo valor dos pequenos inconvenientes, preocupações e outros aborrecimentos que você encontrar pelo caminho, pois eles têm a virtude de relembrar todos os privilégios de que você desfruta normalmente.

Agradeça por esses pequenos incidentes:

- uma doença não muito grave
- as ocasiões em que o carro enguiça
- uma interrupção do serviço telefônico
- uma queda da rede elétrica
- uma greve dos transportes ou serviços públicos

Complete a lista:

....
....
....
....
....
....
....
....
....
....

39

Gratidão e plena atenção

Para sentir gratidão, primeiro é preciso estar conscient
do que você está vivenciando, experimentando e sentindo.

Pois bem, nossa mente é uma espécie de caldeirão em ebul
ção, no qual fervem constantemente milhares de pensamer
tos. O tempo todo. Nossos pensamentos nos levam para long
fazendo-nos esquecer o que estamos vivendo aqui e agora

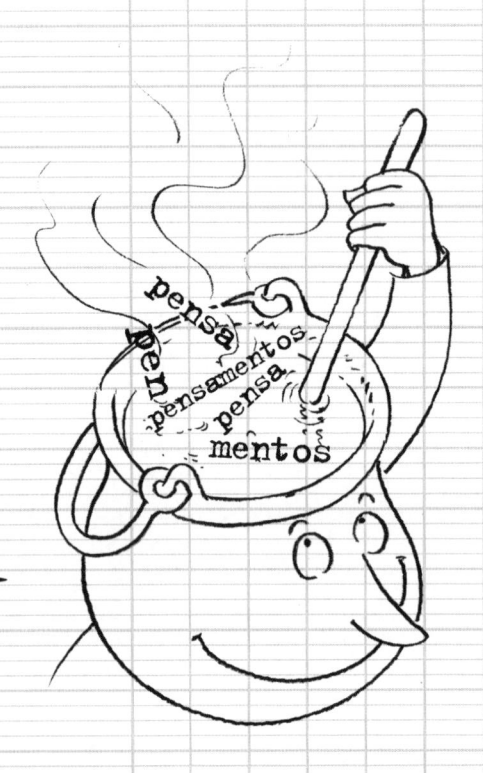

Reserve regularmente um mome
to para fazer uma pausa e dirig
sua consciência não para se
pensamentos, mas sim para su
sensações. Volte ao presente. É
que chamamos de "plena atençã
(*mindfulness* em inglês).

Exercício de plena atenção:

Dirija agora toda a sua atenção para o que você está fazendo no presente.

Você está segurando um caderno: que sensação ele lhe proporciona na ponta dos dedos? Como é o papel? Qual a gramatura dele? A capa é diferente das páginas internas? Toque e acaricie o papel.

Observe o caderno: quais são as cores que o decoram, como são os contrastes e a letra?

Você está sentindo algum cheiro vindo do papel e da tinta utilizada? Cheire-o.

E suas mãos? Estão crispadas no caderno? O que a sua mão direita está fazendo? E a esquerda?

Você está relaxado na posição que escolheu para ler este caderno? Onde se situam suas tensões?

Como está sua respiração? Ampla ou curta? Na barriga ou no peito?

> Há tanto a experimentar quando vivemos o presente, abraçamos o espaço entre nossos pensamentos e ficamos atentos às nossas sensações!

Quando você estiver comendo, apenas coma, em vez de pensar em outra coisa...

Quando você estiver andando, apenas ande, em vez de pensar em outra coisa...

Quando você estiver dirigindo, apenas dirija, em vez de pensar em outra coisa...

Porque é um **privilégio** poder comer, andar, dirigir...

 Atenção: pensar que você está andando não é a mesma coisa que estar consciente de que você está andando!

Gratidão, nada mais óbvio!

As rosas não duram. E, no entanto, nós compramos e sabemos admirá-las enquanto duram.

Será que deixamos de nos encantar com a beleza delas só porque elas não duram? Que depois nos arrependemos de tê-las comprado? Claro que não!

As rosas nos ensinam que nada nunca está definitivamente ganho! **Tudo passa.** A duração de um acontecimento ou relacionamento não constitui o único critério de julgamento do valor dele.

Por que querer a todo custo que as coisas durem, em vez de apreciá-las no instante presente?

43

Por que querer guardar um vestígio material, em vez de uma lembrança mental?

Quantas vezes não vemos as pessoas pegarem suas câmera
fotográficas ou filmadoras para gravar cenas, sem nem s
importarem em apreciar o que elas estão vendo? Sendo qu
depois elas nem têm tempo de ver as fotos que tiraran
(quantas fotos digitais você imprime de fato?)...

Na próxima vez em que voc
tiver vontade de imortaliza
uma cena e pegar sua câmer
pense nisso! Que tal parar
tirar um tempinho para abri
seus sentidos, em plena aten
ção, realmente contemplar
cena... e guardar sua câmera

A felicidade de perder

> "Felicidade é ter alguém a perder."
> Philippe Delerm

Há uma certa felicidade em perder uma coisa de que gostamos muito... pois, para perder, antes é preciso ter, apreciar e desfrutar.

Lembre-se: nossas vidas são marcadas por perdas. Nada nunca está ganho e **tudo** acaba um dia: a duração não é um critério decisivo, ao contrário do apreço.

Saiba agradecer os instantes de felicidade arrancados da vida, em vez de lamentar o que você não tem mais...

> "Mais vale amar e perder do que nunca amar."
> Lord Tennyson

45

Leia a seguir o obituário, publicado em um jornal, a

um rapaz de apenas 22 anos, morto em um acidente a

montanha:

Podemos chorar porque você não está mais aqui
OU ficar felizes por você ter vivido.

Podemos não seguir mais em frente e viver no passado
OU saborear o passado e deixar você viver.

Podemos fechar os olhos e esperar você voltar
OU abri-los e ver as marcas que você deixou.

Podemos chorar, fechar-nos e ficar inconsoláveis
OU fazer o que você gostaria de ter feito:

Nosso coração pode estar vazio por não ver mais você
OU estar repleto do amor que você nos deu.

Sermos felizes, alegrarmo-nos com a beleza da natureza e seguirmos em frente.

O espírito de gratidão é de fato uma escolha (querer

é poder).

Não uma escolha definitiva, realizada de uma vez por toda

mas sim um caminho, feito de altos e baixos, recaídas et

YES, WE CAN!

O negócio é aprender a focalizar nossa atenção nas coisas boas e belas, mesmo que elas não existam mais.

screva suas próprias alternativas, colocando, de um ado, ênfase na tristeza de não ter mais ou de ter erdido, e, do outro, a alegria de ter tido.

....

OU

....

....

OU

....

....

OU

....

47

....

OU

....

A gratidão facilita o processo de luto, além de lhe dar um sentido.

Como diz o ditado:

Sempre fica um pouco de perfume na mão de quem ofereceu uma rosa...

48

A gratidão pelo amor

Dentre todos os privilégios que marcam a nossa vida, o mais precioso é, sem dúvida, o amor.

⇨ O amor que recebemos.
⇨ O amor que sentimos.

Nunca se esqueça de agradecer sempre o amor que você receber.

A quem você vai agradecer hoje mesmo?

– ....
– ....
– ....
– ....
– ....
– ....
– ....
– ....
– ....
– ....

49

E, acima de tudo, nunca se esqueça de tomar consciência do amor que você estiver sentindo e, com ele, alimentar uma imensa gratidão!

Toda **história de amor**, mesmo passada, mesmo terminada em gritos e lágrimas, é uma prova do amor que já sentimos por alguém.

Quando um amor chega ao fim (o que sempre acaba acontecendo, pois ninguém é imortal), isso significa que tivemos o privilégio de viver aquele amor.

⇨ Muitas pessoas neste planeta não tiveram a sorte de ser amadas.

Quando um amor se revela impossível, não sendo recíproco, isso significa que pelo menos nós amamos.

⇨ Muitas pessoas neste planeta não tiveram a sorte de amar.

.

> "Obrigado, aconteça o que acontecer." Então ela me deu as costas
> E, assim como um raio de sol em flores suspensas
> Desvanece-se quando o vento as sopra de lado,
> Subitamente me deixou. Não, aconteça o que acontecer,
> Um momento foi ensolarado, e nem os maiores deuses
> Podem se vangloriar de coisa melhor
> Do que ter assistido àquele momento passar.
>
> Ezra Pound, Erat Hora

Vamos ficar remoendo uma felicidade que se evaporou OU nos alegrar por tê-la vivido?

Perante quais amores passados ou impossíveis você gostaria de demonstrar gratidão pelos maravilhosos momentos que você viveu?

Lembre-se: é você que decide em qual aspecto de um acontecimento você vai prestar atenção!

51

Gratidão mesmo quando a vida não é como você gostaria que ela fosse

Visto em uma capela dentre um conjunto de placas votivas gravadas:

MUITO OBRIGADO

OBRIGADA

TODO O MEU RECONHECIMENTO

GRATIDÃO ETERNA

OBRIGADA

OBRIGADO

OBRIGADO, MEU DEUS, POR NÃO TER SIDO ATENDIDO

OBRIGADO, MEU DEUS

OBRIGADO

SINCEROS AGRADECIMENTOS

FILHO SALVO, OBRIGADO

OBRIGADA

Que sabedoria naquelas palavras!

A pessoa se deu conta de que aquilo que ela queria tão ardentemente no fim das contas não lhe teria sido benéfico...

Saibamos ampliar nosso espírito de gratidão para com a vida, mesmo quando as coisas não ocorrem como havíamos previsto ou desejado. Tenhamos uma mente aberta...

Quem somos nós para sabermos o que os acontecimentos nos reservam? Se eles se deram por sorte ou azar?

- Você não queria ter filhos... e alguns anos mais tarde se dá conta de que aquele filho que nasceu apesar de tudo é uma bênção.

- A última coisa que você quer é o cargo que lhe estão oferecendo... e alguns anos mais tarde se dá conta de que aquele emprego que você aceitou provisoriamente o deixa mais realizado do que qualquer outro.

- Você chora porque seu parceiro amoroso a largou... e alguns anos mais tarde se dá conta de que ele não se revelou digno de confiança e foi violento com a nova companheira dele.

53

Conte alguns casos em que sua interpretação do momento foi pessimista, mas, com o desenrolar dos acontecimentos, você se deu conta de que o que ocorrera havia sido extremamente proveitoso para você.

....

....

....

....

....

....

....

....

....

....

....

....

....

....

....

....

....

....

....

....

Tudo tem seu lado bom...

⇨ "Obrigado, meu Deus, por **não** ter sido atendido!"

As mais belas preces não são as de gratidão?

Um agricultor tinha um filho. Ambos utilizavam um cavalo para a árdua lavoura dos campos. Um belo dia, o cavalo, cujo estábulo ficara aberto, fugiu para as montanhas ao redor. Os habitantes do vilarejo então foram lá se apiedar do velho homem.

— Que azar! E agora? O que você vai fazer sem o seu cavalo?

— Sorte ou azar, quem sabe? — respondeu o agricultor.

55

Poucos dias mais tarde, o cavalo voltou, seguido de algumas éguas selvagens, as quais os dois homens conseguiram colocar dentro do estábulo. Os habitantes do vilarejo, invejosos, foram lá cumprimentar o velho homem.

— Que sorte! Agora você tem vários cavalos para ajudar na lavoura! Estamos com inveja.

— Sorte ou azar, quem sabe? — respondeu simplesmente o agricultor...

Bem, você já entendeu o princípio dessa história, que pode continuar infinitamente! Em cada acontecimento, alguém vem dar uma opinião peremptória. O agricultor, por sua vez, suspende seu julgamento e não interpreta o ocorrido nem em termos de sorte, nem de azar.

De fato, sorte e azar não passam de pontos de vista, e certos acontecimentos, embora desagradáveis, podem se revelar extremamente ricos e trazer mudanças positivas.

Que tal inventar uma pequena fábula pessoal, seguindo o modelo "sorte ou azar, quem sabe?"

....

....

....

....

....

....

....

....

....

....

....

....

....

....

....

....

....

....

....

....

....
....
....
....
....
....
....
....

GRAVITAÇÃO UNIVERSAL

> "Existe apenas um pecado, do qual todos os outros derivam. [...] É a ingratidão. E existe apenas uma virtude: a gratidão. O bebezinho a celebra dormindo após sugar o seio materno, e o girassol, orientando sua flor em direção à luz."
>
> Ernst Jünger

Celebração!

As sociedades de outrora ritmavam a vida coletiva com festas e celebrações. Eram ocasiões para se alegrar e manifestar gratidão...

Que acontecimentos da sua vida você poderia festejar (encontros, aniversários, reconciliações, promoções etc.)? Com quem? Como?

....
....
....
....
....
....
....
....
....
....
....
....
....
....

Uma celebração é a gratidão em ação.

Para terminar: os benefícios da gratidão

A gratidão faz bem e até hoje, que se saiba, não provoca nenhum efeito colateral nocivo.

Pesquisas realizadas sobre a gratidão comprovam que indivíduos gratos se mostram mais felizes, enérgicos e otimistas. Eles também são mais prestativos, simpáticos e dispostos a perdoar.

E isso não é tudo: eles combatem com mais facilidade a depressão e a angústia, estando menos sujeitos a transtornos psíquicos. Até a saúde fica mais forte, apresentando menos sintomas, tais como enxaqueca, acne, tosse ou náusea etc.

Muitos estudos científicos sobre a gratidão são regularmente publicados[3]. Toda vez, os resultados confirmam: a gratidão faz bem para si mesmo, para o corpo, para os outros, para a sociedade em geral, para o planeta...

---

3. Se desejar obter mais detalhes, cf., p. ex., EMMONS, R. & SHELTON, C. "Gratitude and the science of positive psychology". In: SNYDER, C.R. & LOPEZ, S.J. (eds.). Handbook of positive psychology. Oxford: Oxford University Press, 2002, p. 459-471.

Isto merece um pouco mais de cor!

Pinte as letras abaixo:

P.S.

Gostaria de lhe manifestar aqui, mais uma vez, cara leitora, caro leitor, minha sincera gratidão por você ter lido este texto. Você me deu, assim, a possibilidade de compartilhar alguns pensamentos que – tenho certeza – podem ajudar a viver melhor. Obrigado a você, bem como a todas as pessoas que se empenham para que textos como este possam existir, desde a editora até os distribuidores, passando pelos livreiros, jornalistas e todos os que trabalham para produzir e difundir livros.

Que privilégio poder ter um livro nas mãos, você não acha?

Acesse a coleção completa em

livrariavozes.com.br/colecoes/caderno-de-exercicios

ou pelo Qr Code abaixo